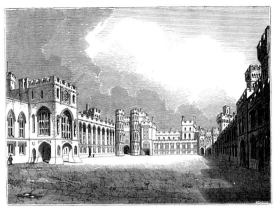

001

002

003

004

005

007

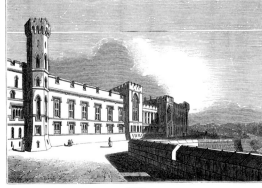

006

008

009

010. Warwick

011. Warwick

012. Warwick

013. Warwick

015. Dover

014. Warwick

016. Dover

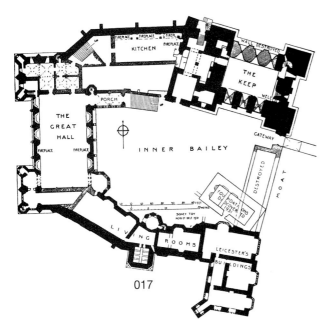

017

018

019

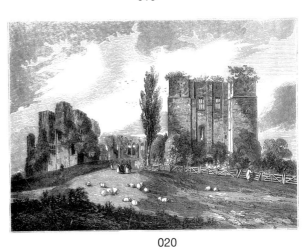

020

021

022

Kenilworth

023

024

025

026

027

028

029

030

031

032

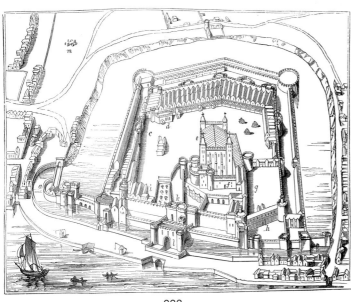

033

034. Hampton Court

035. Carisbrooke

036. Hampton Court

037. Carisbrooke

039. Hampton Court

038. Hampton Court

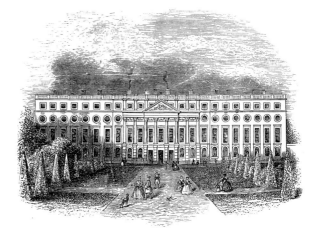

040. Hampton Court

041. Colchester

042. Bodiam

043. Colchester

044. Bodiam

045. Colchester

046. Bodiam

047. Pevensey

048. Pevensey

049. St. James's Palace

050. St. James's Palace

051. Haddon Hall

052. Haddon Hall

053. Haddon Hall

054. Corfe

055. Corfe

056. Penshurst

057. Penshurst

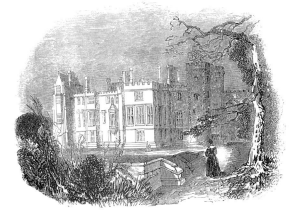

058. Lambeth Palace

059. Lambeth Palace

060. Lambeth Palace

061. Lady Place, Hurley

062. Lady Place, Hurley

063. Leeds

064. Leeds

065. Chepstow

066. Chepstow

067. Chepstow

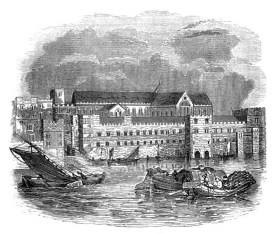

068. Savoy Palace

069. Savoy Palace

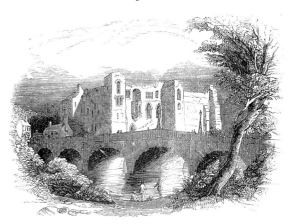

070. Newark

071. Newark

072. Richmond

073. Richmond

074. Richmond

075. Rochester

076. Rochester

077. Falkland Palace

078. Cowling

079. Belvoir

080. Lincoln

081. Canterbury

082. Tutbury

083. Hever

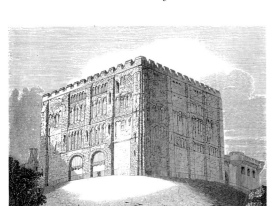

084. Norwich

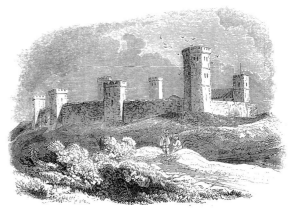

085. Oxford

086. Dunbar

087. Herstmonceaux

088. Southampton

089. Taunton

090. Mont Orgueil

091. Carnbré

092. Carlisle

093. Hatfield House

094. Pontefract

095. Lancaster

096. Prudhoe

097. Ludlow

098. Pengersick

099. Lewes

100. Rockingham

101. Dunster

102. Restormel

103. Tintagel

104. Scarborough

105. St. Michael's Mount

106. Hastings

108. Johnnie Armstrong's Tower

107. Tattershall

109. Castle Rising

110. Ferniehurst

111. Bamborough

112. Raglan

113. Raglan

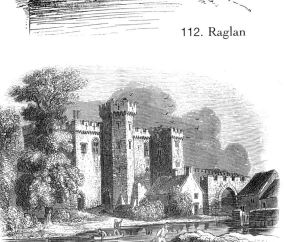

114. Cardiff

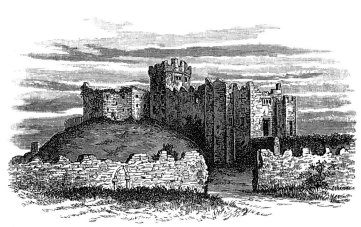

115. Cardiff

116. Caerphilly

117. Caerphilly

118

119

120

121

122

123

124

125

DESTROYED
UP
DESTROYED
MOAT NOW ROADWAY
DRAWBRIDGE
GATEWAY
GATEWAY
TOWN WALL
BARBICAN
GATEWAY
WELL
OUTER BAILEY
INNER BAILEY
POSTERN
DOWN
DESTROYED
GATEWAY
BARBICAN
TOWN WALL
THE GREAT HALL
POSTERN
REBUILT
RIVER
CONWAY
RAILWAY
DESTROYED
SIDNEY TOY. MENS. ET DELT. 1936.
50 100 FEET
10 20 30 METRES

126

127

128. Rhuddlan

129. Harlech

130. Harlech

131. Pembroke

132. Pembroke

133. Pembroke

134. Beaumaris

135. Monmouth

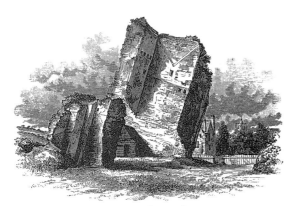

136. Bridgnorth

137. Hawarden

138. St. Donat's

139. Goodrich

140. Llawhaden

141. Dunluce

142. Blarney

143. Trim

144. Blarney

145. King John's

146. St. Laurence's Gate

147. Dublin

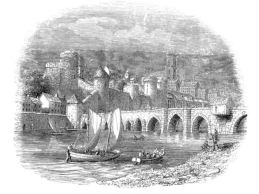

148. Limerick

149

150

151

152

153

Holyrood Palace

154. Stirling

155. Stirling

156. Edinburgh

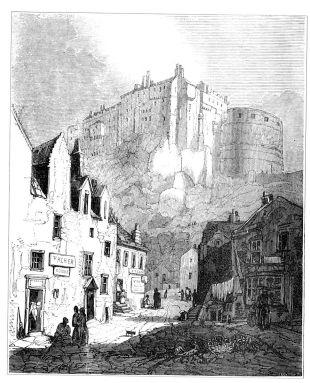

157. Edinburgh

158. Edinburgh

159. Borthwick

160. Borthwick

161. Roslin

162. Roslin

163. Traquair

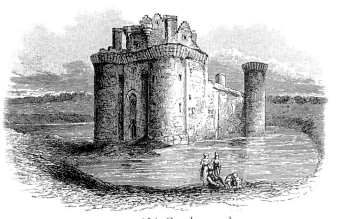

164. Caerlaverock

165. Rothesay

167. Cawdor

168. Bonally Tower

166. Linlithgow Palace

169. Dreghorn

170. Bothwell

171. Smailholm Tower

172. Balmoral

173. Turnbury

174. Craigantinnie

175. St. Andrews

176. Glamis

177. Kildrummie

178. Moutier

179. Combourg

180. Carcassonne

181. Coucy

182. Carcassonne

183. Provins

184. Gaillard

185. Provins

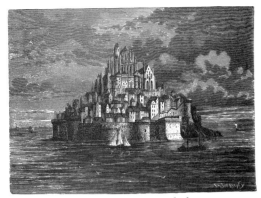

186. Mont St. Michel

187. Mont St. Michel

188. Arques

189. Aigues-Mortes

190. Arques

191. Lillebonne

192. Vitré

193. Visby

194. Bastile

195. Metz

196. Aubenton

197. Narbonne

198. Angers

200. Fougères

201. Loches

199. Pierrefonds

202. Bonaguil

203. Montargis

30   FRANCE

204. Greil

205. Beaugency

206. Xaintrailles

207. St. Malo

208. Fontainebleau

209. Pau

210. Maintenon

211. Luxembourg

212. Chinon

213. Marcoussis

214. Foix

215. Vincennes

216. Panouse

218. Ursins

221. Chenonceaux

220. Queyras

219. Avignon

217. Lourdes

222. Tournoël

223. Bayonne

225. Moret

226. Rouen

224. Tarascon

228. Falaise

227. Guérande

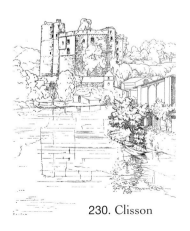

230. Clisson

229. Tour de Nesle

231. Stolzenfels

232. Stolzenfels

233. Heidelberg

234. Heidelberg

235. Heidelberg

236. Falkenstein

237. Falkenstein

238. Imperial

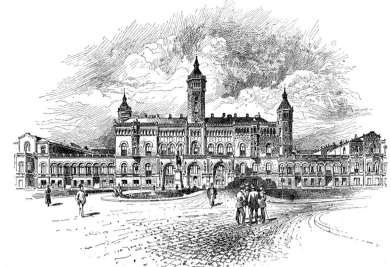

239. Welfen

240. Trifels

241. Neuschwanstein

242. Rüdesheim

243. Pfalz

244. Ehrenfels

245. Unnoth

246. Zwinger

247. Hohenaschau

249. Mouse Tower

248. Marksburg

250. Schwaneck

251. Aci

252. Ischia

253. Sermione

254. Palo

255. Trent

256. Villafranca

257. Cotrone

258. Milan

259. Chillon

260. Chillon

261. Thun

262. Schaffhausen

263. Schaffhausen

264. Planta

265. Tyrol

266. Aigle

267. Buchenstein

268. Wufflens

269. Rhaezuens

270. Attinghausen

271. Rapperschwyl

272. Kyburg

273. Burgdorf

274. Engelhaus

275. Spaekenburg

276. Royal Palace (Madrid)

277. Vermilion

278. Alarcon

279. Alcazar

280. Puerta del Sol

281. Avila

282. Alhambra

283. Constantinople, Turkey

284. Constantinople, Turkey

285. Bosphorus, Turkey

286. Royal Palace (Stockholm), Sweden

287. Trebizond, Turkey

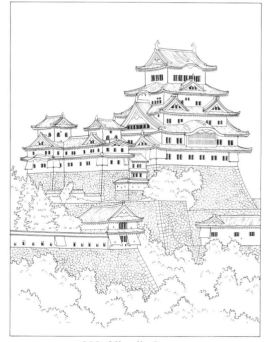

289. Himeji, Japan

288. Kalmar, Sweden

290. Karlštejn, Czechoslovakia

291. Weierburg, Austria

292. Salzburg, Austria

293. Fredericksburg, Denmark

294. Rygaard, Denmark

295. Rosenborg, Denmark

296. Gopal Bhawan, India

297. Doornenburg, Holland

298. Oostvoorne, Holland

299. Vêves, Belgium

300. Walzin, Belgium

301. Port de Gand, Belgium

302. Citadel, Corfu

303. Chaleis, Greece

304. Kremlin, Russia

305. Winter Palace, Russia

306. Nikolsky Gate, Russia

307. Schlüsselburg, Russia

308. Castle of Monaco

309. Hunyadi Janos, Transylvania

310. Belem, Portugal

311. Krak des Chevaliers, Syria

312. Guimaraês, Portugal

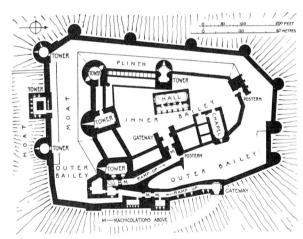

313. Krak des Chevaliers, Syria

314. Jerusalem, Israel

315. Vayda Hunyade, Hungary

316

317

318

319

320

321

322

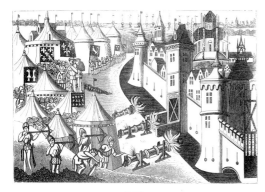

323

324

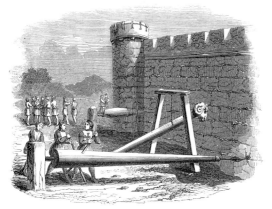

325

326

327

328

329

330

331

332

333

334

335

336

337

338